평화로 핀 말씀시

도서출판 말씀

말씀은 하나님의 깊은 사랑이라
꽃보다 고운 마음, 시로 간추려서
주님의 작품을 주님께 바칩니다

도서출판말씀시선.6
정연홍 시집

|시인의 말|

자신을 헐어서 우리의 평화가 되신
주님의 뜻을 시에 담고 싶었습니다.

그분의 따스운 마음이
시로 풀어지면 기도가
강물처럼 흘렀습니다.

마음 속 바다를 울리는 시와
깊은 기도는 하나였습니다.

말씀이 하나님이시기에
생명줄처럼 잡았습니다.

평화도 하나님과 하나되지 않으면 생명이 없습니다.

주님의 나라는 샬롬의 나라고
인생을 향한 그분의 중심은
재앙이 아니라 평화입니다.

작금의 우리나라는 모순과 부조리의 총화입니다.

남측에서는 종전선언을 주장하였고
북측에서는 한반도 비핵화를 말하나

손으로는 각종 신무기를 쌓아가고 있으면서도
핵무기는 단 하나도 파괴하지 않고 더욱 불어나
그들의 평화는 장전된 평화라고 볼 수 있습니다.

6·25전쟁부터 지금까지 북의 전투태세가
총부리를 겨누었던 가슴은 동족이었는데
필요한 것 있으면 대화에 나섰던 것입니다.

주의 말씀에 악인에게는 평화가 없습니다.

정의는 진실의 골짜기를 넘쳐 흐르는 평화일진데
누가 말씀 강 떠나 평화조약을 맺을 수 있겠습니까

평화는 남을 속여서 얻을 수 없는 것임을
북·미 하노이 회담이 증명하고 있습니다.

포도나무와 가지처럼 평화는 의의 산물인데
가지가 분수를 못지켜 떨어져 밟히었습니다.

역사이래 우상숭배 죄를 범하면 강대국들도
주님의 바람에 무너져 황무지가 되었습니다.

평화는 정의의 열매입니다.

평화 프로세스를 주장하기 앞서서

정의 프로세스가 선행되야 합니다.

한국전(戰)에도 저의 할머니는 저를 업고서 천막교회에 다니셨는데
아들의 전사통지서를 받고는 그곳에 가마때기를 깔고 앉으셔서
밤새도록 울며 하늘나라에서 아들을 다시 만나기를 간구하셨고
"며칠 후 며칠 후 요단강 건너가 만나리"가 매일의 양식이었습니다.

총에 맞은 사람은 아들이었지만
급소에 맞은 사람은 어머니였고

어머니의 형극 속에 함께하셨던 분은
독생자를 십자가에 내어 주셔야 했던
하나님의 가슴저민 사랑이었습니다.

아직도 이산한 가족들은 축축한 추억들을 베고 누워서
인권 수용소 세습독재 북녘땅을 생각하며 울먹입니다.

말씀이 초로 인생에게 말을 걸어 옵니다.

"풀은 마르고 꽃은 시드나 우리 하나님의 말씀은 영원히 서리라"

허무한 세상일지라도 영원한 것은 하나님과
그분의 말씀과 그분 뜻대로 행하는 자입니다.

누구든지 영원한 평화를 얻고 싶으면

말씀이 육신이 되어 세상에 오신
예수를 십자가에서 만나게 될 때
영원한 평화 속에 숨쉬게 됩니다.

자비하신 분께서 몽당 연필을 사용하시어
말씀시를 써 주심에 깊은 마음을 드립니다.

중심을 읽어 주시는 교우님들에게도
주님의 선율이 흐르는 노래이기를요

일곱 번째 옥합으로 이 시집을 출판해 주신
겸손하고 어진 유화선 시인 목사님에게도
말로 다 할 수 없는 감사를 기도로 드립니다.

몽당연필의 감사

|차례|

시인의 말 | 6

1부 평화로 핀

세상의 평화와 하늘의 평화 | 17

은혜와 평화 | 18
정의와 평화 | 19
성전과 평화 | 20
주권과 평화 | 22
믿음과 평화 | 24
순종과 평화 | 26
성령과 평화 | 27
유산과 평화 | 28
십자가와 평화 | 30
회개와 평화 | 32
진위와 평화 | 33
세상의 평화 하늘의 평화 | 34
전쟁과 평화 | 35
아들과 평화 | 36
복지와 평화 | 38
고통과 평화 | 39
기도와 평화 | 40

찬송과 평화 | 43

구원과 평화 | 44
말씀과 평화 | 46
통일과 평화 | 48
사랑과 평화 | 49
난세와 평화 | 50
영광과 평화 | 52
부활과 평화 | 54
경제와 평화 | 55
인권과 평화 | 56
비핵과 평화 | 57
희생과 평화 | 58
찬송과 평화 | 60
영혼과 평화 | 62
능력과 평화 | 63
그리스도와 평화 | 64
시와 평화 | 65
인생과 평화 | 66

2부 말씀시

아기 예수께 드리는 예물 | 69

남한강 | 70
성서 | 71
사탄의 꼼수 | 72
손해보는 흥정 | 74
달빛 소나타 | 75
십자가 | 76
가을은 창조주의 걸작 | 78
성서 한국 | 80
의로운 심판 | 81
아기 예수께 드리는 예물 | 82
사랑에 빚진 자 | 84
진리와 자유 | 85
절원 | 86
낙관 | 87
응답 | 88
생명의 면류관 | 90

말씀의 종에게 | 93

말씀의 종에게 | 94
재림과 신부 | 96
사랑과 능력 | 98
나목 | 100
간구 | 101
부활 | 102
아버지 사랑 | 103
향기로운 이야기 | 104
유다의 비극 | 106
침묵과 사랑 | 108
사랑은 기도 | 109
복음통일 | 110
본향 | 112
말씀의 향기 | 113
가장 귀한 유산 | 114
하나님의 외아들 예수 | 117

내 영혼의 노래 | 119

하늘엔 영광 땅에는 평화 | 120
성탄의 꿈 | 121
눈(雪)의 침묵으로 | 122
진주가 된 가시 | 124
어느 시인의 탄원시 | 126
그리스도의 그림자 | 128
위대한 중보자 모세 | 130
주바라기(5) | 131
현충원 | 132
하나님의 권능 | 134
북핵 정권 | 135
말씀의 힘을 구하는 기도 | 136
말씀 곧 하나님 | 137
통일은 어디서 오는가 | 138
내 영혼의 노래 | 140
순전한 사랑 | 142
간망 | 145

마음에 불 밝히는 평화

1부 평화로 핀

세상의 평화와 하늘의 평화

은혜와 평화

은혜는 하나님이 주시는 값없는 선물이기에
꽃비처럼 마음을 적시는 다정한 이름이다.

모든 좋은 것은 위에서 부터 오는 것이지만
평화는 예수 안에서 그를 통해서만 오므로

예수 없이는 평화도 없다.

평화는 화해라고도 하는데

자기와의 화해는 겸손
삶과의 화해는 감사
성도와의 화해는 형제
하나님과의 화해는 자녀
그리스도와의 화해는 구원

영원히 들어서 기쁘고 받아서 행복한 선물인
은혜와 평화의 저수지는 하늘 아버지이시고
이 선물들이 우리에게 오는 수로는 아들이다.

□ 우리 하나님 아버지와 주 예수 그리스도로부터
　은혜와 평강이 있기를 원하노라(갈1:3)

정의와 평화

오직 정의가 물처럼
강처럼 흐를 때에만
평화는 꽃물 들어서

바르고 의로우신
예수의 품에서만
평화는 만개한다.

핏물이 정의로 핀
십자가 위에서만
평화는 꽃다지다.

주의 뜻이 곧 정의이며
정의와 평화는 하나다.

□ 오직 정의를 물 같이, 공의를 마르지 않는 강 같이 흐르게 할지어다(암5:24)

성전과 평화

기도는 호흡이므로
예수께서는 성전을

기도의 열쇠로 열리는 내 아버지의
만민이 기도하는 집이라 부르셨다.

주의 집을 사모하는
열심에 불타는 아들은

하나님 아버지의 전을
강도의 소굴로 만들어

성전 뜰에서 더러운 시장 바닥 같이
희생의 제물들을 장사속으로 파는
판매상들을 채찍으로 내쫓으시고

환전상들의 돈을 쏟으시며
의자들을 둘러 엎으시었다.

이 일 후에 아들은 자신을
속죄제물로서 십자가에
드림으로 새 성전이 되사

우리가 예수의 이름으로 기도하면
죄사함 받아서 마음의 평화가 오고

희생에 어눌한 우리의 몸은
예수께 바치는 성전이 된다.

□ 예수께서 대답하여 이르시되 너희가 이 성전을 헐라
내가 사흘 동안에 일으키리라(요2:19)

주권과 평화

"네 하나님이 통치하신다"는 소식보다
더 복된 복음이 있겠는가
더 기쁜 말씀이 있겠는가

자비롭고 정의로운 분이 통치하시는
나라의 풍경은 평화가 될 것이나

탐욕과 정욕의 지도자가 다스리는
나라의 참경은 전쟁이 될 것이다.

한 문장에 두 주제를 담는 권력자

입으로는 평화를 외치면서도
손으로는 시퍼런 칼을 선물로 주고 받으며
혈맹 공조를 과시하는 정상들

이들의 공동전선은 칼가는 소리다.

주께서 너희 앞에서 행하시며
너희 뒤에서 호위하신다는 전언은

청아한 종소리 보다 맑고
밤 하늘의 별 보다 아름답다.

하나님의 주권을 섬기는 사람은

땅에서도 하늘의 평화를 누린다.

☐ 좋은 소식을 전하며 평화를 공포하며 복된 좋은 소식을 가져오며 구원을 공포하며
 시온을 향하여 이르기를 네 하나님이 통치하신다 하는 자의 산을 넘는 발이
 어찌 그리 아름다운가(사52:7)

파랑새의 노래는 평화

믿음과 평화

우상숭배로 저무는 가나안 정복을 위해서
모세는 그 땅에 열 두 명의 정탐꾼을 보냈다.

그 중 열 명은 거인 아낙 자손을 두려워하여
불가침을 주장하였기 때문에
온 이스라엘은 통곡의 바다가 되었다.

나머지 두 사람, 갈렙과 여호수아는 온 회중에게 말하기를
"하나님께서 우리를 기뻐하시면 우리에게 그 땅을 주시리라"했다.

사십오 년 후 믿음으로 가나안 땅을 얻은 동지에게
갈렙은 헤브론이라는 정복하기 어려운 산지를 요청하므로
여호수아는 그를 축복하고 그 땅을 그에게 기업으로 주었다.

갈렙은 사십 세에 받은 하나님 약속의 말씀을
팔십오 세가 되도록 심장에 품고 따랐으므로
그 믿음이 줄기차게 자라 온 몸이 청청하여
아낙 자손을 이기고 약속하신 땅을 얻었다.

그 땅은 전쟁에서 벗어나 평화가 깃들었다.

헤브론은 싱싱한 말씀 속에서 믿음을 끌어올려
젖과 꿀이 흐르는 땅과 하늘의 평화가 어우러져
고색 창연한 도시가 되어 과거를 품고 미래를 숨쉰다.

오랜 세월 뿌리를 내린 믿음을 통해
평화라는 아름다운 열매로 익었다.

☐ ... ... 그리고 그 땅에 전쟁이 그쳤더라(수14:15)

평화는 가장 아름다운 열매

순종과 평화

하나님께서 원하시는 옛적 길로 가서
모세·여호수아·갈렙·에스더·아모스 등

나라의 파숫꾼들을 만나면
새롭게 홍해수가 길을 낸다.

오랜 말씀의 길을 따라 가면
오늘 생명의 문이 열리고

쌓인 어둠의 길을 따라가면
순간 사망의 문이 열린다.

사울왕의 생각을 고집하면
패망에 길이 있고

하나님의 뜻을 순종하면
평화에 길이 있다.

□ 여호와께서 이와같이 말씀하시되 너희는 길에 서서 보며 옛적 길 곧 선한 길이
   어디인지 알아보고 그리로 가라 너희 심령이 평강을 얻으리라 하나 그들의 대답이
   우리는 그리로 가지 않겠노라 하였으며(렘6:16)

성령과 평화

평화의 왕이시여,

말씀을 통해
당신과 만나

마음문을 열어 놓으니

당신의 신이
내게 오셔서

평화의 열매를 가꾸시어
정의 끝에 달아 주십니다.

허탄한 인간의 소리도 알알이
성령의 바람에 조율하시므로
속속들이 여물었습니다.

이 땅 위의 참된 평화는
하늘에서 내려오는 영혼의 선율입니다.

□ 오직 성령의 열매는 사랑과 희락과 화평과 오래참음과 자비와 양선과 충성과(갈5:22)

유산과 평화

말씀을 품고
십자가의 피 눈물로 발효된 평화가
예수께서 제자들에게 남겨 두고 가신 유산이다.

이 귀중한 선물은
마음이 여린 제자들에겐
사랑이 고이는 고임돌이라.

슬픔이 자욱히 피어나고
가난이 물밀듯 밀려오며
근심이 쌓여서 더미지고
두렴이 급습해 들이쳐도

평화를 소유한 제자들은 요동치 않고
스승을 강하고 담대하게 전파하였다.

예수가 있는 곳에 불안은 없고
말씀에 심지를 둔 평안이 있어
세상과 싸워 이길 수 있게 한다.

예수의 평화를 유산으로 받는 것은
그분의 가슴을 대물림 받는 것이다.

이 세상 끝날까지

□ 평안을 너희에게끼치노니 곧 나의 평안을 너희에게 주노라
　내가 너희에게 주는 것은 세상이 주는 것과 같지 아니하니라
　너희는 마음에 근심하지도 말고 두려워하지도 말라(요14:27)

사명은 생명

십자가와 평화

마음의 평화와 영혼의 안식을 찾아
아름다운 주님의 발자취를 따랐네.

잔잔한 갈릴리 호수를 지나
새가 우짖는 겟세마네 동산을 거쳐
불의가 가득한 빌라도 법정을 밟고

골고다의 십자가 위에 달리신
예수의 품에서 평화를 찾았네.

그의 십자가 위에서
솟구치는 피눈물이

하나님과 사람 사이
사람과 사람 사이

막힌 담을 헐고
둘이 하나 되며

하늘에 있는 것이나
땅에 있는 것이나

예수의 피로 씻긴
피조물은 화평해

창조주의 기쁨이 되네.

☐ 그의 십자가의 피로 화평을 이루사 만물 곧 땅에 있는 것들이나 하늘에 있는 것들이 그로 말미암아 자기와 화목하게 되기를 기뻐하심이라(골1:20)

한 알의 열매도 하늘의 눈빛이

회개와 평화

평화의 근원은 하나님이시므로
죄가운데 있는 사람은 누구라도
죄악을 미워하는 뼈저린 기도로
회개해야만 평화를 얻을수 있다.

참회하지 않는 악인에게
평화가 머물 수 있겠는가

주님이 함께 하시지 않는다는 것은
인생이 존재의 근원을 잃는 것이다.

회개하는 자와 악한 자 사이는
하늘과 땅 차이이다.

회개하는 사람은 가없는 은혜 속에 있고
자고하는 사람은 끝없는 음부 속에 있다.

□ 그러므로 내가 스스로 거두어들이고 티끌과 재 가운데에서 회개하나이다(욥42:6)

진위와 평화

예나
지나
하나님의 마음을 물들이는 기도는
영혼의 평화지만

사람들의 죄악의 담이 너무 높아
심판주는 재앙을 내리기로 작정하므로
참 선지자는 목숨 걸고 심판을 외쳐
회개를 촉구하며 구원의 소망을 주었다.

거짓 선지자는 자신의 생각을
하나님의 메세지로 선포하며
사익을 위해 평화만을 약속하므로
멸망을 자초하였고 심판을 받았다.

영혼 속에 하나님을 모시고 있는
참 선지자는 평화의 메신저이고

물질 속에 하나님을 담고 있는
거짓 선지자는 평화의 행상인이다.

□ 그들이 내 백성의 상처를 가볍게 여기면서 말하기를 평강하다 평강하다 하나 평강이 없도다(렘6:14)

세상의 평화와 하늘의 평화

세상의 평화는

아름다운 눈처럼
찬란함이 녹아서
짧은 순간 꽃처럼
피었다가 시드나

하늘의 평화는

예수의 물과 피가
사랑으로 하나돼
가슴으로 흐르면
말씀으로 영근다.

세상의 평화는
들의 꽃이지만

하늘의 평화는
주의 말씀이다.

세상의 평화는
종전선언을 주장하나

하늘의 평화는
비핵화를 선창한다.

□ 풀은 마르고 꽃은 시드나 우리 하나님의 말씀은 영원히 서리라 하라(사40:8)

전쟁과 평화

인권탄압의 북 독재자는 핵울타리라
먼저 경제제재를 풀어주면 비핵화요
순서가 바뀌면 핵무기로 핵세월이다.

한반도가 이 폭군의 곡간이 된다 할지라도
하늘의 평화는 돈으로 살 수 없다.

금 재판부는 뇌물을 위하여 재판하므로
부자가 패소하기는
낙타가 바늘 구멍을 통과하기 보다 어렵고

빈지기 승소하기는
하늘의 별따기지만
주님의 평화가 온다.

한 나라를 멸망시키는 전쟁은
지도자의 물욕에서 시작하여
하늘 법정의 판결로서 끝난다.

□ 내 백성을 유혹하는 선지자들은 이에 물 것이 있으면 평강을 외치나
  그 입에 무엇을 채워주지 아니하는 자에게는 전쟁을 준비하는도다(미3:5)

아들과 평화

밤을 지새워 기도를 했어도
더 하고 싶은 것은
하나님을 아버지라고
부르고 싶기 때문이다.

예수의 기도는 아버지다.

그분은 하나님과 동등한 위치였으나
아버지를 사랑하시므로
죄인을 위해 십자가를 지셨다.

우리도 십자가의 피눈물로
예수 그리스도와 하나 되어
전쟁의 땅에 화해를 심으면
하나님의 아들이 될 수 있다.

패륜아 압살롬은 아버지 대신
부와 권력을 사랑하여
정상의 권좌를 빼앗기 위해
아버지를 적으로 난을 일으키므로
하늘 법정에서 사형을 선고하였다.

다윗의 끝없는 절규였던
"내 아들 압살롬아!"는
이명이 되어 울고 가지만

우리는 아버지의 뜻을 죽기까지 따랐던
아들의 십자가로 영혼의 평화와 만난다.

□ 화평하게 하는 자는 복이 있나니 그들이 하나님의 아들이라
　일컬음을 받을 것임이요(마5:9)

복지와 평화

사회적 약자를 자신과 동일시 하신
하나님의 사랑을 헤아리지 못하는
사회주의자들은 세금으로 표를 사
대중의 은인으로 자부하게 되므로

불로 소득을 지지기반으로 삼아 나라를 어둡게 한다.

나라를 위해서 땀과 눈물을 모두어서
일할 수 없는 사람에게 손을 펴는 것이
하나님께 꾸어 드리는 것이 아니겠는가

누가 하늘의 황금 보좌를 떠나
낮은 데로 더 낮은 데로 흘러서
땅의 평화를 위해 피흘렸던가

가난한 자녀를 애달파하시는
하나님 아버지의 깊은 마음을
아들을 통해 이식하게 될 때에
복지와 평화는 어깨동무한다.

□ 가난한 자를 불쌍히 여기는 것은 여호와께 꾸어드리는 것이니
　그의 선행을 그에게 갚아 주시리라(잠19:17)

고통과 평화

생명의 줄을 쥐고 계신 분이
육신의 거처로 부터 영혼을 거두시려고
단명의 칼로 끊으시려 할 때
그 고통으로 사람은 생명주에게
정의가 아니라 긍휼을 부르짖게 된다.

인생의 수명은 사람에게 있는 것이 아니고
그를 지으신 창조주의 손 안에 있는 것이라
육신의 질병으로 온 영혼의 고통을
사람이 천적인 죄를 등 뒤로 던져버리면

심판주는 회개를 끌어내시기 위해
죄인에게 중병으로 징계하시므로

자기 죄로 인해 슬피울며 고백할 때
의의 왕이신 분이 우리 죄를 우리와 등지게 하시고
육신을 쇠잔케 하신 분이 영혼을 소생케 하시므로
고통은 평화로 돌아오는 길목이 된다.

☐ 보옵소서 내게 큰 고통을 더하신 것은 내게 평안을 주려 하심이라
　주께서 내 영혼을 사랑하사 멸망의 구덩이에서 건지셨고 내 모든 죄를
　주의 등 뒤에 던지셨나이다(사38:17)

기도와 평화

기도는 주와 대화의 다리고
전능자의 호흡을 충전하여
그분의 평화를 이루는 발전소다.

블레셋이 이스라엘을 치러 왔을 때
사무엘이 나라를 위하여 여호와께 부르짖으매
이스라엘이 불레셋을 추격하여 성읍을 찾았고
기세등등했던 아모리 사람과는 평화가 있었다.

위기가 다가올수록 기도하기 어려우나
부르짖어 간구할수록 주님께 간절해진다.

하나님은 울부짖는 자에게 긍휼을 베푸시어
블레셋의 손에서 도로 땅을 탈환하게 하시고
원수 아모리 사람과는 동맹을 맺게하시므로
이스라엘은 그 땅과 가축까지 평강을 누렸다.

부르짖는 기도는 평화의 관문이고
겟세마네 기도는 평화의 열쇠이다.

□ 사무엘이 젖 먹는 어린 양 하나를 가져다가 온전한 번제를 여호와께 드리고
　이스라엘을 위하여 여호와께 부르짖으매 여호와께서 응답하셨더라(삼상7:9)

평화로 핀 예수 시

1부 평화로 핀

찬송과 평화

구원과 평화

성경에 의하면 전염병은 말씀에 불순종할 때
하나님께서 내리시는 재앙 가운데 하나였다.

우리 민족은 먼저 회개의 깊은 강을 건너야 하고
그 굽이치는 시린 말씀을 심중에 품어야 하리

머리털 까지도 낱낱이 세어두신 전지자가
어찌 수많은 생명의 고통을 잊으시겠는가

죽은 자도 살리시어 영생을 주시는 전능자가
어찌 시한부 인생을 구원하시지 않겠는가

노도광풍도 다스리시고 이끄시는 지존자가
어찌 평화를 강처럼 흐르게 하시지 않겠는가

주님의 물과 피로 구원받은 우리는
심한 전염병에서도 건짐받으리라.

마스크를 벗고
손에 손을 잡으며
촉촉하게 말하리라.

채찍 속에 구원과 평화가 숨겨있었기에
하나님의 사랑이 그토록 아름다웠던가

□ 나를 대적하는 자 많더니 나를 치는 전쟁에서 그가 내 생명을 구원하사
　평안하게 하셨도다(시55:18)

완전하고 순전한 백신은 하나님

말씀과 평화

성도는 자기 생각대로 사는 사람이 아니라
하나님의 말씀대로 살고자 하는 사람이다.

그분이 우리에게 가지신 생각은 평화다.

징계를 내리시는 것도 자녀들이
눈물의 강을 건너 아버지 집으로
돌아오게 하는 선한 목적에서다.

유다를 예루살렘에서 바벨론으로 추방했다가
칠십년이 차면 그 포로들을 돌아오게 하시겠다는
주님의 약속을 믿는 유대인은 우상숭배를 버리고
유일신 하나님만을 의지하고 찬양하며 귀환했다.

햇수로는 한 평생이라지만
영원에 비하면 한순간이다.

말씀이 영혼 깊숙이 뿌리를 내리면
한 절 한 절이 믿음으로 자라 굳게서고
온 땅이 말씀으로 평화를 자라게 하면
미래에 까지 말씀 잡고 돌아오게 된다.

□ 여호와의 말씀이니라 너희를 향한 나의 생각을 내가 아나니
　평안이요 재앙이 아니니라 너희에게 미래와 희망을 주는 것이니라(렘29:11)

꽃보다 아름다운 평화

통일과 평화

한민족이 사랑으로 하나되면 한 핏줄기라
통일과 평화는 핏물처럼 따뜻하게 들리나

누가 신앙의 박해 떠나서 통일을 말할 수 있겠는가
누가 핵의 위협 벗어나 평화를 노래할 수 있겠는가

안으로는 동족간의 전쟁이고
밖으로는 외세의 침략으로서
우리는 고난 받는 민족인지라

지혜를 찾아서 말씀의 문을 두드리면
평화는 예수의 피로서만 얻을 수 있고
십자가만이 평화통일의 산소망이다.

□ ... ... 네 손에서 둘이 하나가 되리라(겔37:17)

사랑과 평화

예수께서 사랑을 위하여
밤을 새워 기도 하셨다면

우리에게는 얼마나 더
기도가 절실하겠는가

사랑이 생명이 되지않는 기도는
주님의 귓전을 스치는 바람이다.

예수께서 아버지의 소원을 위해
자신의 의지를 꺽고 순종함으로
하늘 문이 열려 평화가 임하였고

겟세마네 동산이 갈보리의 옥합이 되기까지
사랑으로 깨지고 부서져 성령의 기름이 되어
죄인들에게 흘러 들어가 세상을 구원하셨다.

☐ 다시 두 번째 나아가 기도하여 이르시되
　내 아버지여 만일 내가 마시지 않고는 이 잔이 내게서 지나갈 수 없거든
　아버지의 원대로 되기를 원하나이다 하시고(마26:42)

난세와 평화

빛나는 별을 볼 수 있는 때는
낮이 아니라 캄캄한 밤이다.

구원의 별 에스더가 등단하는 시기도
태평성대가 아닌 칠흑절벽의 난세다.

비록 왕후라는 칭호는 하늘로 부터 찾아왔으나
임의로 왕을 알현할 수도 없었던 법이 십자가인
약소민족 포로출신 에스더가 왕의 윤허를 받아

정치자금을 쥐락 펴락 주무르며
왕의 마음을 입의 혀처럼 놀리는
정치 구단의 노회한 실세 하만을
왕을 위한 잔치자리에 초대했다.

하늘의 능력과 지혜를 입은 에스더는
가슴에 자신과 민족의 생명을 품어서
뜨거운 기도의 눈물이 왕을 적시었고

그녀의 탄원소리가 직격탄이 되어서
하만과 그의 열 아들이 처형되었는데
유다 민족은 평화가 별처럼 만발했다.

하늘 아버지가 세상의 힘없는 고아를 택하사
 구중 궁궐 별의 기도로 평화를 피우게 하셨다.

□ 당신은 가서 수산에 있는 유다인을 다 모으고 나를 위하여 금식하되 밤낮 삼일을 먹지도 말고 마시지도 마소서 나도 나의 시녀와 더불어 이렇게 금식한 후에 규례를 어기고 왕에게 나아가리니 죽으면 죽으리이다 하니라(에4:16)

사랑은 하나님의 대명사

영광과 평화

온 천하의 창조주 명령에 따라
당신의 백성이 요단을 건널 때
해군이 앞장을 선 것이 아니라

하나님의 종 여호수아의 지시로
각 지파의 열 두명의 제사장들이
주님 임재의 상징인 법궤를 메고

요단 물을 밟을 때마다 흘러내렸던 물이 멈추어
이스라엘은 물이 빠진 강바닥으로 밟고 건넜다.

때는 우기이며 헬몬산의 눈이 녹아
요단강이 범람하고 물살이 거세어
죽음의 강을 건너는 모험이었지만

하나님께서 물을 돌기둥처럼 세우시는 것을 본
가나안의 무장된 족속들은 간담이 서늘해졌고

이스라엘은 한 번도 가 본 적이 없는 길인지라
살아계신 하나님의 영광이 온 누리를 밝히어
아버지의 품처럼 요단강에서 평안을 찾았다.

한민족의 슬픔이 깊은 임진강을 건널 때도
하나님의 영광이 눈물을 마르게 하시리라

□ 온 땅의 주 여호와의 궤를 멘 제사장들의 발바닥이 요단 물을 밟고 멈추면
요단 물 곧 위에서부터 흘러내리던 물이 끊어지고 한 곳에 쌓여 서리라(수3:13)

사랑의 등불

부활과 평화

사람의 두려움은 죽음과 맞닿아 있어 속수무책이라
자는 듯이 죽기를 바라지 않는 사람 찾아볼 수 없으리

십자가에서 숨진 예수의 제자들도 죽음의 공포로 떨고 있을 때
부활하신 그리스도께서 그들에게 나타나 약속하신 평강을 주심으로
두려움은 믿음으로 거듭나서 담대하게 죽음으로써 전파하게 되었다.

순교자 스데반도 돌무덤에 묻힐 지경에서 하늘 문이 열려
부활하신 예수를 보고 평안을 얻어 주의 발자취를 따라서
자신의 영혼을 주께 맡기고 원수들의 용서를 빌며 잠들어
그 얼굴은 천사처럼 보였고 아기처럼 예수의 품에서 잤다.

죽음은 하나님께로 가는 출구고 평화의 나라에 이르는 입구라
죽음도 사모함은 부활로 깨어나 생명의 주를 우러르려 함이다.

□ 예수께서 또 이르시되 너희에게 평강이 있을지어다
  아버지께서 나를 보내신 것 같이 나도 너희를 보내노라(요20:21)

경제와 평화

일본의 식민지로 부터 해방과
동족상잔의 비극을 겪은 한국이
눈물의 빵과 눈물의 물을 마실 때

떡 반죽 그릇에도 함께 하시는 하나님이
교회부흥을 통해 경제 부흥을 이루셨다.

주의 법을 따르면 평화로운 나라가 이루어지지만
거역하면 솔로몬의 성전도 재앙의 대상이 되었다.

하나님은 먼저 경제적인 파탄을 몽둥이로 사용하시고
설상가상으로 전염병의 창궐로 지축을 흔들게 하셔도
회개치 않으면 생명을 거두시어 총체적인 난국이었다.

마스크는 형식에 불과하고 면역만이 방역이듯이
하나님께로 돌아오지 않으면 질병은 계속되었다.

바이러스의 백신은 회개의 눈물이었듯이
신앙은 경제를 초월하여 전천후 평화였다.

하박국 선지자는 뼈가 썩는 하나님의 심판 속에서도
우주 보다 큰 그 분의 긍휼이 많은 뼈 속으로 들어가면
능히 살 것으로 믿었으므로 눈물보다 고운 평화가 왔다.

□ 내가 이 성의 식로품에 풍족히 복을 주고
　떡으로 그 빈민을 만족하게 하리로다(시 132:15)

인권과 평화

"강한 안보 없인 평화도 없다"는
휘발성 언급은 잘못된 판단이다.

안보는 무기가 하는 것이 아니고
전쟁에 능하신 하나님이 하신다.

평화는 믿음의 열매이고
믿음은 말씀의 열매이다.

백전백승의 명장 다윗은 노래하기를

누구는 병거를 누구는 기마를 믿지만
우리는 하나님 이름만 의지한다 했다.

다윗이 물 마시기를 갈구했을 때에
세 용사가 목숨을 걸고 길어온 물을
마시지 않고 여호와께 부어드림은
생명과 피를 흘려야 했기때문이다.

생명을 주신 분에겐
인권 없이 평화 없다.

☐ 어떤 사람은 병거, 어떤 사람은 말을 의지하나
　우리는 여호와 우리 하나님의 이름을 자랑하리로다(시20:7)

비핵과 평화

선지자 이사야는 꿈꾸며 노래하기를
주의 말씀이 온 누리에 광채를 뿌릴 때
온 세상에 가득히 평화가 내려오므로
전쟁무기는 농기구로 바뀐다고 했다.

복음은 그 속에 평화를 이루려는 강한 힘이 있는데
평화의 왕이 육신을 입고 세상에 오셨기 때문이다.

창조주는 평화 자체이시므로
재앙이 아니라 평화가 본체라

하나님께 목마르나는 것은
평화에 목마르다는 것이고

평화를 갈망한다는 것은
주를 갈망한다는 것이라

하늘의 평화가 땅의 전쟁을 이겨
사람이 주님 주신 인권을 찾으면

비무장 지대에 평화의 꽃이 만발하고
복음의 향기는 온 세상에 전파되리라

□ ... ...무리가 그들의 칼을 쳐서 보습을 만들고 그들의 창을 쳐서 낫을 만들 것이며
　　이 나라와 저 나라가 다시는 칼을 들고 서로 치지 아니하며 다시는 전쟁을 연습하지
　　아니하리라(사2:4)

희생과 평화

위대한 지도자들은 절망에 처해 있던 핏덩이였지만
희생으로 자라 하나님의 평화로운 나라를 세웠다.

모세는 악어떼들이 유영하는 강가의
갈대 상자 속에 갇혀서 버려져 있었고

예수는 춥고 더러운 마구간에 누이셨으니
냄새나는 구유가 만왕의 왕 요람이 되었다.

모세는 공주의 아들이라는 칭호를 거절하고
바로의 손에서 고난받는 동족을 위해 싸웠다.

제 몸을 불태워 빛을 내는 촛불처럼
예수는 십자가에서 물과 피를 쏟아
한 방울도 남김 없이 아버지께 바쳐
죄인에게 새 생명을 얻게 해 주셨다.

몸을 제물로 삼으신 분이
마음을 평화로 채우신다.

□ 이것을 너희에게 이르는 것은 너희로 내 안에서 평안을 누리게 하려 함이라
　세상에서는 너희가 환난을 당하나 담대하라 내가 세상을 이기었노라(요16:33)

□ 주께서 심지가 견고한 자를 평강하고 평강하도록 지키시리니
　이는 그가 주를 신뢰함이니이다(사26:3)

영혼의 등불, 말씀

찬송과 평화

육이오 동란으로 피붙이를 잃은 가족들은
찬송 중에 계시는 주님만이 위로가 되었다.

나의 할머니도 아들의 전사 통지서를 받고는
"아들이 나라를 지키다가 총에 맞아 죽었는데
에미가 따뜻한 방에서 잠들 수 있겠나"하시며

천막교회의 땅바닥에 가마때기를 깔아 놓고
밤마다 "날빛보다 더 밝은 천당"을 부르셨는데
언제나 "며칠 후 며칠 후 요단강 건너가 만나리"에서
독생자를 주신 사랑을 굳게 잡고 평화를 찾으셨다.

하나님은 찬송 중에 거하시기에
천막교회는 하늘 궁전이 되었고

그분이 바리시는 제물은 상한 심령이기에
가마때기를 적신 세월은 무지개가 되었다.

아벨의 피의 호소를 들으셨던 분이
우리의 피맺힌 찬송도 들으시리라.

역경과 연단으로 척박한 대한민국에
평화의 꽃이 무궁한 사랑으로 피리라.

□ 이 백성은 내가 나를 위하여 지었나니 나를 찬송하게 하려 함이니라(사43:21)

□ 예루살렘을 위하여 평안을 구하라 예루살렘을 사랑하는 자는 형통하리로다(시122:6)

어머니의 마음

영혼과 평화

북핵의 뇌관과 손잡은 사람은
입 안에 평화의 말을 담지 말라
하나님을 등진 평화는 없었다.

평화의 원천은 십자가 뿐이라
정의가 마르면 평화도 시든다.

핵 먼지가 불어 올수록
이벤트성 조약 일수록
복음이 이 땅의 평화다.

하루가 천 년 같은 이산의 아픔도
예수 피가 땅을 적시면 아물리라.

울부짖는 영혼의 바다에서
평화의 물결이 흘러 넘치면
새 하늘 새 땅을 보게 되리라.

예수 외에는 영혼 구원이 없고
복음 외에는 평화통일이 없다.

□ 여호와를 경외하는 자 누구냐 그가 택할 길을 그에게 가르치시로다
   그의 영혼은 평안히 살고 그의 자손은 땅을 상속하리로다(시25:12,13)

능력과 평화

공작새가 평화로운 새라고 불리우는 이유는
자기 꼬리가 훌륭하다고 믿기 때문이라 한다.

능력과 재앙과 평화는 하나님의 주권이다.

애굽은 열 가지 재앙을 받아 파괴되었지만
이스라엘은 머리털 하나도 상하지 않았다.

전쟁보다 무서운 바이러스 하나에
75억명이 사는 지구가 떨고 있다.

그 중에는 구원시키는 말씀의 능력으로
마음의 면역력을 키우는 사람도 있지만

체제의 문제를 마스크로 덮고
교회문 닫게 하는 사람도 있다.

불의한 세력은 핵과 미사일을 기반으로
적화통일 하려는 망상을 가지고 있으나

의로운 세력은 하나님의 능력으로만
평화통일 하려는 환상을 가지고 있다.

☐ 여호와께서 자기 백성에게 힘을 주심이여
　여호와께서 자기 백성에게 평화의 복을 주시리로다(시29:11)

그리스도와 평화

간혹 북한의 대규모 열병식을 동영상으로 보면
한도 없고 끝도 없는 전쟁시나리오가 펼쳐진다.

하나 같이 한 기계에서 뽑아 낸 로봇 같이
전쟁의 도구로 일사불란하게 움직인다.

우리 시대의 노예는 북한 주민들이다.
자유의지가 없는 획일화된 체제이다.

그곳에서 죽어간 순교자가 3만명이 넘으며
북송된 탈북자들에겐 공개처형만이 답이고
성경은 갖고만 있어도 공개 총살감이라 한다.

핵은 핵을 부른다.

미사일 등 신형무기로 경쟁을 하게 되면
우리나라는 지구촌에서 사라지게 된다.

말씀 속에 길이 있고
그리스도가 평화다.

□ 그는 우리의 평화이신지라 둘로 하나를 만드사 원수된 것
  곧 중간에 막힌 담을 자기 육체로 허시고(엡2:14)

시와 평화

영감의 하나님이여,

당신이 계신 곳에는
시상이 피어납니다.

당신이 지닌 사랑의 향기가
일렁이며 시가 되었습니다.

당신은 사람의 마음에
사랑의 시를 쓰셨기에

주님의 시 가지에 열린
평화는 그 영감이오니

숨거두는 순간까지
평화의 나라 노정을
시로 꽃피게 하소서

☐ 모든 성경은 하나님의 영감으로 된 것으로
　교훈과 책망과 바르게 함과 의로 교육하기에 유익하니(딤후3:16)

인생과 평화

역사의 주인은 대통령이 아니라 하나님이시다.

이스라엘의 아합 왕과 유다의 여호사밧왕이
아람과 싸우려고 길르앗 라못으로 오를 때에

아합은 여호사밧에게는 왕복을 입도록 하고
자신은 변장을 하고 전쟁터로 들어갔는데

아람 왕은 미리 그의 병기 지휘관들에게 명령하기를
아무와도 싸우지 말고 이스라엘 왕과만 싸우라 했다.

지휘관들이 여호사밧을 보고 이스라엘왕으로 착각하고
싸우려한즉 그가 부르짖어 간구하자 주께서 그를 도우사
지휘관들을 감동시키시어 여호사밧을 떠나가게 하셨다.

그들은 그가 이스라엘왕이 아님을 알고 돌아섰으나
한 사람이 무심코 쏜 화살이 아합왕 갑옷 솔기에 명중해
치명상을 입고 치열한 전쟁을 벗날 수 없어 죽었다.

하나님은 미리 아합왕에 대하여 재앙을 예언하셨고
여호사밧왕이 부르짖을 때에는 평화로 응답하셨다.

한 때 세상을 흔들던 세 정상의 비핵화는 "평화 쇼"였으나
하나님은 화살 한 개로 한 나라의 미래를 바꾸실줄이야

□ 주의 법을 사랑하는 자에게는 큰 평안이 있으니
   그들에게 장애물이 없으리이다(시119:165)

사랑의 시인 예수

2부 말씀시

아기 예수께 드리는 예물

남한강

태백산맥에서 흘러오는 생수를 받아
서울로 흘려보내는 식수의 근원
받은 만큼 줄줄 아는
맑은 심성

물고기가 알을 낳아 주도록
수초를 기르는 물풀의 젖줄
가진 만큼 낼 줄 아는
깊은 가슴

북한강을 품에 안아 섞이고
한반도로 흐르는 하나되는 염원
품은 만큼 풀 줄 아는
넓은 마음

생명수의 본류는 강이고
모든 강의 근원은 하나님

□ 또 그가 수정같이 맑은 생명수의 강을 내게 보이니
   하나님과 및 어린 양의 보좌로부터 나와서(계22:1)

성서

한 평생 품었던
당신의 말씀

심장에 꽂혔던
당신의 언약

온몸을 적셨던
당신의 노래

한 생이 숨쉬던
당신의 생명

☐ 시몬 베드로가 대답하되 주여 영생의 말씀이 주께 있사오니
　우리가 누구에게로 가오리이까(요6:68)

하나님의 생명책

사탄의 꼼수

남 유다는 국가적 위기를 당할 때마다

보이지 않는 하나님을 구하기 보다는
보이는 강대국의 그늘을 찾아 헤맸다.

이스라엘의 위협을 받을 때에는
아람으로 부터 도움을 청하였고

아람에게서 공격이 왔을 때에는
앗수르와 동맹관계를 맺었으며

앗수르의 군대가 침입 하였을 때는
애굽의 그림자로 겉옷을 삼으려고

나귀와 낙타에 재물과 보물을 싣고 내려갔으나
애굽은 유다에게 수치와 모욕을 줄 뿐이었으니

강대국을 피난처로 생각하는 것은
하나님 보다 군사력을 믿는 것이라

하나님을 떠난 정치는 지혜롭게 보여도
역사는 어리석은 것이라고 증언한다.

만세반석인 정의의 하나님을 거역하는
상한 갈대인 불의의 독재자가 내민 손은

피가 돌지 않는 사탄의 꼼수가 아니겠는가

거짓 영의 대리인 폭군 3대와
누가 평화통일을 약속하겠는가

□ 여호와께서 이르시되 패역한 자식들은 화 있을진저 그들이 계교를 베푸나
  나로 말미암지 아니하며 맹약을 맺으나 나의 영으로 말미암지 아니하고
  죄에 죄를 더하도다(사30:1)

손해보는 흥정

유다의 악한 왕들 중에서도
아하스는 첫 머리를 장식한다.

그는 두엄더미 같은 우상을 위하여
자기의 어떤 아들은 불에 태우고
어떤 아들은 불꽃을 통과하게 했다.

그는 이방신들이 자신을 도우리라고 생각했으나
그 신이 아하스와 온 이스라엘을 망하게 하였다.

자식을 잃고 무엇을 얻으랴

아하스는 아람왕과 이스라엘 왕의 침공으로
자신과 민족을 앗수르 왕에게 맡김으로써

강대국의 속국이 되어 주권을 잃었고
성전과 왕궁 곳간의 보화는 예물로 털렸다.

악인의 제사는 하나님께 가증한 것이나
동족 사랑은 그분이 받으시는 예배이다.

하나님을 떠나 무엇을 믿으랴

□ 자기를 친 다메섹 신들에게 제사하여 이르되 아람왕들의 신들이 그들을 도왔으니
   나도 그 신에게 제사하여 나를 돕게 하리라 하였으나 그 신이 아하스와
   온 이스라엘을 망하게 하였더라(대하28:23)

달빛 소나타

누가 외지고 삭막한 시대에
달빛 소나타를 켜려 하는가

누가 달빛동네 달셋방에서
고운 달섬처럼 떠오르는가

누가 달빛 드맑은 손을 펴서
척 진 겨레 풀어 주려 하는가

오직 믿음을 가진 자 만이
달빛 소나타를 켤 수 있다.

□ 예수께서 이르시되 할 수 있거든이 무슨 말이냐 믿는 자에게는
　능히 하지 못할 일이 없느니라(막9:23)

십자가

예수께서는 만왕의 왕이셨는데

그분이 쓰신 왕관은 사랑이었고

그분이 손에 쥔 금홀은 정의였으며

그분이 거하였던 용상은 십자가였다.

예수께서 십자가를 떠나셨다면
어디서 뜻을 이룰 수 있었겠는가

그 핏물든 길을 가는 순결한 마음을 통하여
주는 우리 영혼을 당신 나라로 이끄시리라

생명을 쏟아 십자가에 여울질 때
평화는 강물처럼 깊어만 가리라

□ ... ... 그러나 나의 원대로 마시옵고 아버지의 원대로 하옵소서...(막14:36)

사랑이어라

가을은 창조주의 걸작

가을이 깊어지면
나무에 끝물들어
온통 하늘 나라다.

잎잎이 하늘의 눈빛을 받아
마음은 은혜의 강물이 된다.

단풍 태운 물길 따라서
시 한 수 노를 저어간다.

가을은 창조주의 걸작

나의 마지막 호흡도
십자가에서 흐르는
예수시 되게 하소서

☐ 호흡이 있는 자마다 여호와를 찬양할지어다 할렐루야(시150:6)

가을은 창조주의 시

성서 한국

성서 한국은

말씀으로 씻기어져
마음이 깨끗한 사람들

말씀으로 온유해져
마음이 가난한 사람들

말씀으로 흥건해져
마음이 눈물진 사람들

한결같이 하나님의 마음을 품은
애통하는 사람들의 눈물 바다에 비치는
성서한국을 주님은 이루시리라.

☐ 심령이 가난한 자는 복이 있나니 천국이 그들의 것임이요(마5:3)

의로운 심판

하나님께서는 모든 심판을 아들에게 맡기셨으므로
당신 혼자서는 아무도 심판하지 않으신다.

예수께서도 아들로서의 독립성을 주장하지 않고
아버지의 뜻을 따라 모든 일을 수행하였으므로
아들의 판결과 아버지의 심판은 일치하였으며
사람들은 아들을 통해서 아버지의 음성을 듣는다.

아버지가 아들에게 심판하는 권세를 주신 것은
그는 인자로서 인간의 허무함을 잘 알고 있었고
아버지의 끝없는 사랑을 처음부터 보이었기에

아들의 순종은 아버지의 권세가 아니라 자비였고
두 분은 한 사랑 한 목표 한 생각이라
아들의 심판은 의로운 것이다.

□ 내가 아무것도 스스로 할 수 없노라 듣는대로 심판하노니
　 나는 나의 뜻대로 하려하지 않고 나를 보내신 이의 뜻대로 하려 하므로
　 내 심판은 의로우니라 (요5:30)

아기 예수께 드리는 예물

하나님의 가장 큰 선물인
아기 예수가 탄생한 날 밤

가슴 속 저린 곳에 둥지를 튼
파랑새는 행복을 노래한다.

어린 예수의 광채로 눈이 황홀한
올빼미는 하늘 곡조로 현을 켠다.

솔바람에 다닥 다닥 여물은 솔방울을
고슴도치는 아픈 가슴에 뎁혀 드린다.

도도독 톡 떨어지는 도토리를 주워 모아둔
다람쥐는 아낌없이 자기의 양식을 바친다.

구세주의 고난을 바라보며 자신을 태우는
촛불은 그분의 마음속을 눈물로 흘러든다.

님을 기둘리다가 목이 길어진 사슴처럼
영혼은 북받치는 생명을 구유에 누인다.

□ 집에 들어가 아기와 그의 어머니 마리아가 함께 있는 것을 보고
  엎드려 아기께 경배하고 보배합을 열어 황금과 유향과몰약을 예물로
  드리니라(마2:11)

지상에서 가장 아름다운 밤

아기 예수께 드리는 예물 · 83

사랑에 빚진 자

사랑에 가난한 사람은
가난한 사람들의 채무자가 되신
하나님의 사랑에 목이 메인다.

죽은 자와 산 자 모두의 주가
감옥같은 세상에 죄인을 구하려
진리로 자유케하는 인자로 오셨다.

만왕의 왕 만주의 주가
정글같은 세상에 약자를 돌보려
형제 중 지극히 작은자로 오셨다.

천지를 창조하신 주가
구유같은 세상에 제자들을 키우려
머리둘 곳 없는 빈자로 오셨다.

우리는 생명을 선물로 주신
예수의 사랑에 빚진자이다.

▢ … … 너희가 여기 내 형제 중에 지극히 작은 자 하나에게 한 것이
   곧 내게 한 것이니라 (마25:40)

진리와 자유

진리란 예수님 인격의 말씀이고
이 진리가 인간을 자유롭게 하여

하나님과 인간과 영원에 관한
영적인 무지에서 해방시키고

사람의 속삭임은 크게 들리나
하나님의 선포는 작게 들리던
영적 귀머거리에서 풀려나며

속 사람은 보이지 않고
겉 사람의 외모만 보는
영적 소경에서 벗어나

자기 욕심과 주장을 버리고
하나님의 뜻에 순종하므로
영적인 교만에서 돌아선다.

하나님이 주신 최고의 선물인
영혼이 구원받기 위해서는
죄로 부터 작별하여야 하고

예수는 영혼 속에 모셔야 하며
영혼은 예수 속에 살아야 한다.

□ 진리를 알지니 진리가 너희를 자유롭게 하리라(요8:32)

절원

돌이 떡이 되게 하는 이적보다는
말씀이 생명이 되신 예수를 구합니다.

은금이 쏟아지는 세상보다는
말씀이 담고 있는 영혼을 구합니다.

핵무장에 두 무릎 꿇기보다는
말씀이 일으키는 믿음을 구합니다.

□ 바울이 말하는 것을 듣거늘 바울이 주목하여
  구원 받을 만한 믿음이 그에게 있는 것을 보고(행14:9)

낙관

하늘이
땅에
오시다니

정의가
불의에게
재판을 받으시다니

神이
사람에게
제물이 되시다니

아버지 하나님은
세상에 독생자를 보내사
예수로 낙관을 찍으셨다.

□ 하나님이 세상을 이처럼 사랑하사 독생자를 주셨으니 이는 그를 믿는 자마다
 멸망하지 않고 영생을 얻게 하려 하심이라(요3:16)

응답

하늘의 명령으로 나라를 연 명절에
시민들이 광화문으로 몰려든 것은

가장 정의로워야 할 사법부의 수장을
위선의 대명사로 세운 것이 불씨였다.

우리나라는 어느 때까지
법 위에 돈이 있어야하고
법 위에 힘이 있어야되나

마음 속에서 타오르는 강렬한 불길은
어둠의 세력으로부터 나라를 찾으려는
열망 때문이었다.

발디딜 틈도 없이 몰려든
사람들의 출렁임 속에서
이리 밀리고 저리 밀려도
애국가를 봉창할 때에는

"하나님이 보우하사 우리 나라 만세"
뜨거운 가사가 통곡을 불러들였다.

낮 집회가 끝나 겨우 화장실로 내려갈 때
인파에 휩쓸린 어떤 쇠약한 할아버지가
발을 헛딛어 돌 계단에 나동그라질 찰나

동행자들이 발빠르게 등을 받쳐드렸다.

굽은 어깨를 펴 드리며
또 울컥했다.

세월의 격랑 속에 시달린
등판이 응답으로 읽혀졌다.

"하나님이 보우하사 우리나라 만세"

청와대로에서 저녁 집회가 끝난 후
교인들은 땅바닥에 스티로폴을 깔고
누워서 이리 뒤척 저리 뒤척일 때마다
심중의 소리가 새어 나온다.

이대로 가다가는 망하는게 아닌가

절망에 절여진 기도꾼들의 등솔기에다
어진 별빛이 어루만지며 수를 놓고 있다.

"하나님이 보우하사 우리나라 만세"

□ 나의 도움은 천지를 지으신 여호와에게서로다(시121:2)

생명의 면류관

저무는 나이에는
시린 바람보다도
찌든 탐욕들이
곤궁하게 한다.

이슬 밭을 지나는 나그네처럼
젊음도 건강도 총기도 사라져
초라하기 이를데 없으나

인생에게 볼만한 것은
하나님의 말씀 뿐이라

세상의 험악한 세월을
신실한 말씀에서 오는
믿음으로 넘길 수 있었다.

천만다행으로

잃어버린 것은
썩어질 것 뿐이고

남아있는 것은
영원한 것 뿐이다.

님의 못자국난 손이

구원받은 영혼에게
생명의 면류관을
올려주실 때에는

벗어서 다시 바치며
예수의 영혼 사랑을
목청껏 부르고 싶다.

☐ 이기기를 다투는 자마다 모든 일에 절제하나니 그들은 썩을 승리자의 관을
　얻고자 하되 우리는 썩지 아니할 것을 얻고자 하느라(고전9:25)

2부 말씀시

말씀의 종에게

말씀의 종에게

아들아,

영혼구원을 위해서
하나님 손의 도구로
그분의 가슴앓이인

잃은 자를 찾고 찾아서
아버지 품 안으로 돌아올 때까지
열과 성을 다 쏟는구나

혹여
사랑의 주장이 내세워져
주님의 음성을 가릴까봐

자신을 부정하며
말씀을 사수하는구나

아들아,

주리고 목마른 사람에게는
주방장의 모습으로

슬픔의 강을 건너는 사람에게는
뱃사공의 모습으로

천국 소식 애타게 찾는 사람에게는

발행인의 모습으로

돈은 뜯고 영혼은 버리는 사람에게는
기도꾼의 모습으로

선한 말씀 온 몸 다해 전하므로
선한 목자의 모습이 되었구나

언젠가는 중심을 읽어오신 분이 회계하실 때에

"너는 세상에서 무엇을 하다가 왔느냐?" 물어주신다면
"아들을 도와 하나님 나라를 섬기다 왔습니다" 하리라

☐ 약한 자들에게 내가 약한 자와 같이 된 것은 약한 자들을 얻고자 함이요
　내가 여러 사람에게 여러 모습이 된 것은 아무쪼록 몇 사람이라도
　구원하고자 함이니(고전 9:22)

☐ 인자가 온 것은 잃어버린 자를 찾아 구원하려 함이니라(눅 19:10)

사랑은 희생

재림과 신부

언제 예수께서 다시 오실지는 아무도 모른다.
주인공도 천사들도 모르고 하나님만 아신다.

세상의 헌법은 개정도 개헌도 할 수 있지만
하나님의 율법은 일점 일획도 바꿀 수 없다.

그리스도의 신부는 "맞으러 나오라"는 소리를 들을 때까지
만반의 준비를 갖추고 설레는 마음 달래며 마중가야 하리

예수 이름으로 구원받은 우리에게는
그의 몸인 교회가 곧 어린양의 신부다.

신랑 예수는 신부 교회와 결혼하여
그녀를 천국으로 인도해 가시므로

지혜로운 신부는 말씀의 등불을 들고 있어
신랑의 본질과 인격을 파악하고 준비하나

어리석은 신부는 꺼져가는 등불을 들고 있어
신랑의 겉모습만 알고 준비하지 않았으므로

신랑 예수가
하나님의 나팔소리를 타고
어둠을 가르며
천지 개벽으로 오실 때

성령으로 거듭난 신부들만
기쁨으로 끌어 올리시리니

이 땅에서 준비된 성도만이
하늘 나라에 들어갈 수 있다.

☐ 그런즉 깨어 있으라 너희는 그 날과 그 때를 알지 못하느니라(마25:13)

그리스도의 신부는 교회

사랑과 능력

하나님을 사랑한다는 것은
그분의 소원이 나의 소원이 되어
그 소원대로 살아가는 것이라면

능력이란
하나님의 사랑에서 나오는 힘이다.

하나님의 소원은
인권의 감옥인 북한 땅에 억류되어 고통당하는
당신 자녀들에게 구원과 자유를 주시는 것이라면

우리 교회는 교권과 교파를 초월하여
하나님의 뜻으로 하나가 되어야 하고

우리 사회는 진보와 보수의 담을 넘어
말씀의 능력으로 하나가 되어야 하며

우리 정치는 자본주의와 사회주의를 건너
성령의 역사로 어우러지어 하나가 된다면

주께서는 홍해수를 가르시듯이
복음통일의 길을 열어주시리라.

모든 문제의 답은 하나님께 있었고
그분의 방법은 사랑과 능력이었다.

☐ 하나님의 나라는 말에 있지 아니하고 오직 능력에 있음이라(고전4:20)

사랑의 원천은 하나님

나목

봄에 새싹이 돋아나
여름에 푸르게 물들고
가을에 색색이 떨어져

새로운 이파리 위해
아름다움 마저 보낸

겨울에 헐벗은 나목의
가지마다 열렸던
하늘 빛 추억들을

그리움에 담는 예수가
기도로 갈무리 하고 있다.

□ 나는 포도나무요 너희는 가지라 그가 내 안에, 내가 그 안에 거하면 사람이
　열매를 많이 맺나니 나를 떠나서는 너희가 아무 것도 할 수 없음이라 (요15:5)

간구

쇠를 갈아서 바늘로 바꾸는 정성과
삼백 육십 오일 하루 같은 마음으로
생명의 말씀 받아 수를 놓게 하소서

□ 사랑하는 자들아 주께는 하루가 천 년 같고 천 년이 하루 같다는
  이 한가지를 잊지 말라(벧후3:8)

부활

하나님의 일을 사탄은 모방하나
하나님의 사랑은 흉내낼 수 없다.

예수는 자신의 피를 쏟아서
세상을 사랑으로 물들였고

그만이 자신의 물을 바닥내
황량한 거리를 출렁거리며

사막과 같은 죄인의 가슴을
생명수 샘으로 바꿀 수 있다.

사탄은 생을 죽음에 묶어놓지만
예수는 생을 부활에 풀어놓았다.

□ 예수께서 이르시되 나는 부활이요 생명이니
　나를 믿는 자는 죽어도 살겠고(요11:25)

아버지의 사랑

주님을 아버지라 부르는 소리는
은하수 보다 더 영혼을 적신다.

죄인을 자녀 삼아 주신 하나님을
아버지라 노래하는 꿈 같은 딸이

수 없이 많은 별밤을 흘러 흘러서
가슴 설레는 새벽별을 우러르며

십자가에 달리신 예수님의 발 아래
무릎을 꿇고 그 발등에 떨어지는
눈물을 머리털에 적셔 시로 적는다.

잠 못 이루는 아버지의 사랑
자신을 드려 아들이 이룬다.

□ 나 예수는 교회들을 위하여 내 사자를 보내어 이것들을 너희에게 증언하게 하였노라
  나는 다윗의 뿌리요 자손이니 곧 광명한 새벽 별이라 하시더라 (계22:16)

향기로운 이야기

죄의 댓가는 죽음 뿐이요
죄인을 살릴 수 있는 길은
오직 예수의 보혈 뿐이라

주님의 마음은 한 발자욱 한 발자욱
십자가의 길을 기도로 다지었을 때

따뜻한 베다니의 삼남매가 사는 집에서
죽은 자를 살리신 주를 위하여 잔치할새

영원한 말씀의 능력으로 혜안이 열린 마리아는
지극히 값진 향유를 간직한 옥합을 가지고 와서
그리스도의 발에 붓고 자기 머리털로 닦아냈다.

순식간에 향내음이 가슴 가슴으로 파고 들었다.

탐욕으로 밀봉된 가룟 유다의 분노가
미사여구로 꾸민 포문을 열었으리라

이 향수를 팔아 주린 사람에게 퍼 주었더라면
일년은 무상으로 배를 채울 수 있었으리라고

예수께서는 재리에 밝은 타산적인 유다의 속마음과
순수한 마리아의 마음 쏟는 것을 보시고 말씀하셨다.

가난한 이들은 그림자처럼 너희를 따르지만
그녀는 나의 장례를 위해 아름다운 일을 했다.

이 세상 끝까지 복음이 전해지는 곳에서는
영원한 사랑의 향기로 가난하지 않으리라

☐ 내가 진실로 너희에게 이르노니 온 천하에 어디서든지 복음이 전파되는
곳에는 이 여자가 행한 일도 말하여 그를 기억하리라 하시니라(막14:9)

유다의 비극

가롯 유다는 자신의 가엾은 영혼 보다도
재물에 마음을 빼앗기고 권력에 눈 멀어
그에게 사탄이 들어가 성령을 경멸하고
주님이 경고하시는 말씀에 귀를 막았다.

구세주 예수는 제쳐놓고
세상주 맘몬을 따라갔다.

대제사장 무리에게 가서
예수의 목숨을 흥정하자
은화 서른 닢을 내주었다.

그 돈은 그에게 죽음에 이르는
치명적인 양심의 증언이었다.

그는 은전 삼십 개를 종교 지도자들에게 돌려주며
자신이 무죄한 피를 팔아 사형을 받게 했다 했으나
그들이 "우리가 알 바 아니다 네가 당하라"선을 긋자

유다의 얼굴은 캄캄해졌고
마음은 갈기 갈기 찢겨졌다.

토사구팽된 그는 세상에서 밀려나
은 삼십을 성소에 던지고 나아가서
스스로 나무에 목을 매어 죽었지만

머리 둘 곳 조차 없었던 가난한 스승을 위해서
피투성이 유다가 주의 무죄를 증거한 셈이다.

□ 내 마음을 주의 증거들에게 향하게 하시고 탐욕으로 향하지 말게 하소서(시119:36)

침묵과 사랑

유대 지도자들과 뇌화부동하는 무리들이
예수를 십자가에 못 박으라고 아우성쳐도
주님은 자신을 변호하지 않고 침묵하셨다.

로마의 식민지였던 이스라엘은 가이사만 왕이었고
로마법은 신성모독으로는 사람을 처형할 수 없으므로
예수의 죄명을 "하나님 아들"에서 "유대 왕"으로 조정했다.

위선적인 로마총독 빌라도는 예수의 나라가
영적인 것이고 세상의 것이 아님을 숙지했고
피를 보려는 유대인들의 고소도 조작이므로

유월절에 죄수 한 명을 풀어주는 전례에 따라
빌라도는 반란을 일으키고 살인한 바라바와
아무 죄도 없는 예수 중 한사람을 택하라 했다.

절대다수로 강도 바라바는 석방되었고
예수는 세상죄를 지고 십자가에 달려서
자신을 못박은 죄인들의 속죄양이 되었다.

예수의 진심은 바다를 재운 침묵이었고
그분의 계명은 죽음을 품은 사랑이었다.

☐ 한 마디도 대답하지 아니하시니 총독이 크게 놀라워하더라(마27:14)

사랑은 기도

땅이 황폐해지고
삶이 참담해지면

비인 영혼 속에 성서를 펴고
모세의 중재기도를 들으면

눈물샘이 가무는 마음밭에
그의 간구가 뚝 뚝 떨어진다.

피끓는 동족 사랑을 기도로 받으신
하나님께서 그를 통해 역사하셨다.

애굽왕의 노예였던 이스라엘을 구출하여
광야 길의 연단으로 출애굽을 완성하셨다.

아직도 북한 주민들은 인권 사각지대에 살고
국군 포로 등 많은 사람이 수용소에 갇혔으며
지하교인들에게 벌이는 만행은 역대급이다.

한반도는 기도의 강물이 흘러야 한다.
하나님만이 시련과 단련의 민족에게
빼앗긴 인권을 다시 찾아주실 수 있다.

□ 나의 형제 곧 골육의 친척을 위하여 내 자신이 저주를 받아 그리스도에게서
　끊어질지라도 원하는 바로라(롬9:3)

복음통일

얼마나 많은 이산 가족이
임진강 물결이 출렁이면

예수의 젖은 눈길과 손길을 잡고
북녘 땅 같이 달려가고 싶었을까

가슴 속을 누비는 강물 소리는
혈관으로 흘러 사랑으로 녹아
예수의 피눈물이 되었으리라

말씀은 하나님의 피와 살이므로
복음통일은 창조주의 생명이라

예수께서 또 다시 십자가를 지고
흐느끼다 가는 세월의 강가에서

생명시 한 구절 길어 올리고 간다.

"누가 우리를 그리스도의 사랑에서 끊으리요"

□ 누가 우리를 그리스도의 사랑에서 끊으리요 환난이나 곤고나 박해나 기근이나
  적신이나 위험이나 칼이랴(롬8:35)

말씀은 사랑의 보화

본향

고달픈 나그네 길을 가는 인생이
본향으로 돌아갈 수 있다는 것은
주의 가장 깊은 사랑의 선물이다.

사랑하는 사람이 없는 천국을
천국이라고 말할 수 있겠는가

그리움 굽이치지 않는 본향을
본향이라고 부를 수 있겠는가

보고픈 사람들이 애타게 기둘리고 있는
하늘나라로 부르심을 받아 떠날 때에는
기다림에 절은 시로 온 몸에 꽃물 들리라

정 깊은 이름을 하나 하나 부르며
사랑의 하나님 찬양하며 가리라

그리움의 강을 건너서 다시 주를 뵈오면
그분의 시어를 따라 새노래를 부르리라

☐ 그들이 이제는 더 나은 본향을 사모하니 곧 하늘에 있는 것이라...(히11:16)

말씀의 향기

꽃의 향기는 십리를 가고
미인의 향기는 백리를 간다면

예수의 기품이 서린
말씀의 향기는 영원을 가리라

꽃향과 절세 가인향은
젊음이 경계선이지만

말씀의 향기는
예수를 통해서
삶과 죽음의 경계선을 넘으며
천국까지 생명의 길을 가리라

□ 내 영혼이 진토에 붙었사오니 주의 말씀대로 나를 살아나게 하소서(시119:25)

가장 귀한 유산

근심의 먹구름이 하늘을 덮으면
지혜가 숨쉬는 선산에 올라가서
기도의 빛을 받으며 쉼을 얻는다.

맞은 편 수진원농장을 따라 흐르는 강물은
아버지의 꿈을 하나 하나 호명하여 부르면
흑천강 물결로 일어나 소리치며 흐느낀다.

민족의 장래를 이고 지고 갈
인재들을 키우고 싶었던 염원이
다리를 건너와 가슴으로 흐른다.

아버지는

청년때부터 노후의 전통장 담그기까지
점원으로부터 시작해 머슴으로 마쳤다.

김구 선생님의 발자취는 피명들도록 따랐다.

삼성리 초원에다 세운 '진리를 닦는 곳'이란
뜻을 지닌 수진원농장은 그 안에 쉼터가 있었는데
길가는 나그네는 누구라도 들어가서
쌀독에서 쌀을 퍼다가 밥을 해 먹을 수도 있었고
밭에 나가 채소를 뜯어다가 요리도 할 수 있었다.

문 앞에는 생수로 채워진 물통이 손님을 배웅했다.

어린이들을 위해서는 초등학교를 세워주셨고
농촌 청년들에겐 장학금으로 공부하게 하셨다.

농사는 손수 지어 장을 담그셨는데
반은 선물로 나누어 주심으로
주위에는 구름떼처럼 사람들이 모였으나

말년에 파킨슨병과 치매, 암 등이 겹쳐
재불을 관리할 능력을 잃자 너나 없이
세상의 철새들은 날쌔게 방향을 틀었다.

이익은 사유화, 손해는 공유화로 부식된
맘몬꽃 세인들과 고뇌속에서 사셨지만
주께서 끝날까지 함께 하셨던 아버지는

딸을 따라 힘차게 신앙고백을 하시고
'아멘'으로 세상에 마침표를 찍으므로
만남보다 아름다운 이별을 남기시고
예수와 함께 눈물 강을 건너 떠나셨다.

이제는 아버지를 따라 온 구원의 말씀으로
굳게 서 예수 그리스도를 전파하기 위해서
하나님께 뿌리내린 말씀교회가 세워졌다.

가난한 동네의 가난한 교회지만
세상 이긴 아버지의 신앙 회심을
가장 귀한 유산으로 믿고
눈물진 시로 감사드리며

흰물 든 어머니와 복음의 아들이
주님의 몸된 성전을 섬기고 있다.

큰 슬픔 가운데 큰 소망을 간직한 분,

예수 없이 어떻게 눈물 골인 세상을 떠나서
영원한 기쁨인 천국에 들어갈 수 있겠는가

□ 주께 힘을 얻고 그 마음에 시온의 대로가 있는 자는 복이 있나이다(시84:5)

아버지의 옥합

하나님의 외아들 예수

언 세상에 당신이 오시므로
우리의 핏물이 되셨습니다.

세상 가시관에 찔리셨으므로
우리의 핏빛 장미가 되셨습니다.

세상 죄로 십자가 지시므로
우리의 핏줄이 되셨습니다.

당신만이 아버지와 하나되는
유일한 산 길이요
온전한 참 진리요
영원한 새 생명이 되셨습니다.

☐ 예수께서 이르시되 내가 곧 길이요 진리요 생명이니
　나로 말미암지 않고는 아버지께로 올 자가 없느니라(요14:6)

2부 말씀시

내 영혼의 노래

하늘엔 영광 땅에는 평화

메시야 나신 기쁜 소식을
제일 먼저 들은 사람들은

밤새워 곤한 들에서 양떼를 지켜주며
사랑으로 종노릇하는 목자들이었다.

천사가 전해 준 놀라운 사건은
예수 그리스도의 탄생이었다.

지극히 높은 하늘 아버지께는 영광을 드리고
땅의 그분의 사람들에게는 평화를 선포했다.

수 많은 천군천사들이 하나님께 찬양하므로
별의 눈물은 그렁 그렁 마음속에 뚝뚝 떨어져
회개의 계곡물을 맑히므로 하늘이 어리우며
평화의 왕 아기 예수가 구주로 세상에 오셨다.

□ 지극히 높은 곳에서는 하나님께 영광이요
　땅에서는 하나님이 기뻐하신 사람들 중에 평화로다 하니라(눅2:14)

성탄의 꿈

하나님의 아들이

말구유의 가난 속에 사시다가
십자가의 고통 속에 가시므로

슬픔은 기도가 되고
상처는 시집이 되며
생명은 소명이 되어

예수님 손잡고 노래하며
아름나운 천성 길을 간다.

□ 너희 안에서 행하시는 이는 하나님이시니 자기의 기쁘신 뜻을 위하여
   너희에게 소원을 두고 행하게 하시나니(빌2:13)

눈(雪)의 침묵으로

왕중 왕 독생자 예수가
말많은 세상에 말없이

말씀이 육신이 되어
말구유에 나실 때에

하얗게 하얗게
눈처럼 착하게
마음에 오셨다.

모든 사람 춥지 말라고
하늘 이불 덮어 주려고
눈의 침묵으로 오셨다.

□ 여호와께서 너희를 위하여 싸우시리니 너희는 가만히 있을지니라(출14:14)

한 마음, 한 뜻

진주가 된 가시

바울은 철두철미한 인물로
학문적으로도 신앙적으로도
달려갈 길을 마친 사람이었다.

그가 사도로 부름 받은 날 부터
그에게는 예수만이 전부였고
생명을 바쳐 복음을 전파했다.

완벽한 그에게도 몸에 가시가 있었는데
그 고통을 제거해 주시기를 간구했으나
"네 은혜가 네게 족하다"는 응답을 받았다.

몸에 가시로 찌르는 것 같은 질병을 주신 것은
교만에 빠지지 않도록 배려하신 것을 깨닫고
자신의 약점 위에 주의 권능이 머무르게 했다.

바울의 주제가는 십자가에 못박힌 그리스도였으며
인간의 지혜나 철학이나 수사학으로 전하지 않았고
복음은 주님만 나타내고 그의 능력만 드러내려 했다.

사람은 질그릇 같이 보잘 것 없는 인생이나
주님이 그 안에 계실 때 부활 품은 영생이다.

신약 성서에는 바울이 쓴 명작이 많이 있지만
바울 자신이 하나님의 뛰어난 걸작이 된 것은

병든 몸에 가시를 품었기에 진주가 된 것이다.

☐ 너희 믿음이 사람의 지혜에 있지 아니하고
　다만 하나님의 능력에 있게 하려 하였노라(고전2:5)

영혼의 만나

어느 시인의 탄원시

열강국의 포로로 잡혀갔던 이스라엘의 시인이
바벨론 강가에 앉아서 시온을 생각하며 울었다.

시온은 땅에 있는 하나님의 거처인데
바벨론 사람들이 무참히 헐었으므로

망국의 한을 품은 이 시인이
시온을 향한 애끓는 사랑을
시로써 하나님께 호소했다.

평화의 도시라는 뜻을 가지고 있는 예루살렘은
유대인들의 가슴속에 있는 살아있는 성전이라
다니엘의 갈구도 다윗의 갈망도 그 곳에 있었다.

사로잡은 자들은 사로잡힌 자들에게
이스라엘과 하나님을 조롱하기 위해
시온의 노래를 부르도록 강청하곤 했다.

우상숭배의 땅에서 주의 노래를 부를 수 없다고 하며
이스라엘은 이 모욕적인 요청을 단호히 거절하였다.

강대국을 바라고 그 힘에 의지하는 것도 어리석지만
평화를 외치고 인권에 침묵하는 것도 어불성설이다.

평화의 왕이 화창하는 인권시는
인류의 영혼을 울리는 노래이다.

☐ 내가 예루살렘을 기억하지 아니하거나 내가 가장 즐거워하는 것보다
  더 즐거워하지 아니할진대 내 혀가 내 입천장에 붙을지로다(시137:6)

십자가는 가장 귀한 말씀

그리스도의 그림자

모세는 평생을 주님의 뜻을따라
이스라엘의 해방과 인권을 위해
애굽과 투쟁한 사명자 이었는데

가나안 입성을 목전에 두고 자신의 허물로 인한
입성불가라는 하나님의 엄한 판결을 들었을 때

비바람 거센 풍찬노숙에서도 꾸었던 꿈을
일생동안의 절절했던 바람을 접어야 했다.

건물주가 설계자의 말을 들어야 하듯이
피조물은 창조주의 말씀을 따라야 한다.

예수께서 아버지의 원대로 십자가를 지셨듯이
모세는 그림자처럼 그리스도의 길을 걸어왔다.

인생은 하나님 손의 한 줌 흙덩어리이지만
그분이 모세에게 생기를 불어주심으로 이스라엘은
홍해를 마른 땅처럼 걸어 해방과 평화에 닿을 수 있었다.

모세는 가나안을 목전에 두고 비스가 산정으로 올라가서
주님과 그 백성을 죽도록 사랑했던 불타는 가슴을 바쳤고
무덤도 없이 조사도 없이 고독한 단독자로서 눈을 감았다.

주님은 모세에게 한계점인 가나안 대신에
영원한 평화의 나라 천국을 주셨던 것이다.

□ 그리스도를 위하여 받는 수모를 애굽의 모든 보화보다 더 큰 재물로 여겼으니
  이는 상 주심을 바라봄이라(히11:26)

끝없는 사랑, 끝없는 용서

위대한 중보자 모세

하나님을 뵙는 사람의 얼굴은 빛을 받으므로
모세는 주님 앞에 들어가서 기도 드릴 때에는
얼굴의 수건을 벗었고 나와서 말씀을 전한 후
그의 얼굴의 광채를 다시 수건으로 가리어서
사람들이 하나님께만 영광을 돌리게 하였다.

모세의 중보기도의 핵심은 하나님의 영광이었고
그는 마치 사랑의 장미를 받쳐주는 꽃받침 같았다.

주께서 애굽의 노예로 고통당하는 당신 백성을
해방시켜 믿음으로 홍해수를 갈라 길처럼 걸어
광야로 이끄사 만나와 반석의 물을 먹고 마셔도

이스라엘이 금송아지 우상을 예배하므로
주께서 그들을 진멸하리라 뜻을 세우시니
영원한 어둠속에 동족을 두고 갈 수 없어서
모세가 몸을 던져 주님의 용서를 청원하여
그분께서 당신의 진노를 거두시게 되었다.

하나님을 사랑하는 사람이 나라를 사랑한다.

생명을 걸고 생명을 찾아 온 탈북동포를 돌려 보낸다면
겨레를 사랑하는 모세와 같은 지도자가 없기 때문이다.

□ 그러나 이제 그들의 죄를 사하시옵소서 그렇지 아니하시오면 원하건대 주께서 기록하신 책에서 내 이름을 지워버려 주옵소서(출32:32)

주바라기

십자가의
물과 피로 핀
주바라기는
꽃보다 아름답다.

보이는 꽃은
열렬하지만
눈에서 멀면
마음도 멀다.

보이지 않는
주바라기는
처음도 마지막도
한 마음 한 뜻으로
영원한 꽃불이다.

주 바라기

□... ... 살든지 죽든지 내 몸에서 그리스도가 존귀하게 되게 하려 하나니(빌1:20)

현충원

나라의 소중함을 딸에게 가르치기 위해서
아버지는 돌아가시기 전부터 당부하셨다.

"내가 죽으면 누가 여기 찾아 올 사람도 없다"시며
전사한 삼촌의 묘지를 찾아 줄 것을 부언하셨다.

권부에 등단한 정치가들의 통과의례만 없다면
현충원은 마음 문을 열고 기도하기 좋은 곳이다.

해마다 6월이 오면 형제가 형제의 피를 흘려
삼천리 강산을 피로 물들였던 전쟁의 달이라
초여름인데도 마음은 떨리고 눈물숲이 된다.

그 때 나라를 지키다가 순국한 형제들의 피의 호소가 없었다면
나라를 잃은 자는 속사람이 살던 육신의 장막도 묻힐 곳이 없다.

지금도 하늘 아버지께서 "네 아우가 어디 있느냐" 물으신다면
수백만의 핏소리가 땅 속에서 부터 하나님께 울부짖으리라

형제가 형제의 생명을 사랑하는 뜨거운 마음으로
평화와 인권과 구원을 위해 현충원에 묻혔습니다.

☐ 이르시되 네가 무엇을 하였느냐
　네 아우의 핏소리가 땅에서부터 내게 호소하느니라(창4:10)

피로 핀 무궁화

하나님의 권능

우리 민족은 얼마나 긴 세월을
일제의 만행으로 신음했던가
애간장이 타도록 기도했던가

불벼락이 치듯 일본 땅에 원폭이 떨어져
우리나라는 예기치 않은 해방을 얻은 후

6·25는 북한의 남침으로 시작된 민족전쟁으로
하늘 밖에 길이 없어 교회는 기도로 부르짖었고
하나님께서는 선교와 경제를 크게 일으키셨다.

바다 가운데를 땅처럼 걸어가게 하셨던 분이
북핵 수령의 분단국 한국의 복음통일을 통해
인류 평화의 염원을 이루어 내시지 않겠는가

이스라엘 자손을 추격했던 막강한 애굽군사들은
바다가운데서 갈라졌던 물에 합쳐 수장되었으니
하나님의 권능은 남잡이가 제잡이가 되게 하셨다.

전지전능하신 분의 정의로운 시선으로 볼 때
핵 위협은 동족의 얼굴에 맷돌질 하는 것이다.

□ 이에 예수께서 이르시되 네 칼을 도로 칼집에 꽂으라 칼을 가지는 자는
  다 칼로 망하느니라(마26:52)

북핵 정권

돌연 세기말의 패륜아가
통큰 젊은 지도자로 등장

독재 3대에게
비핵은 불청객

그에게 고객은
경제 주체이다

대기업 총수들이 수행한
정상회담은 흥행에 성공

도보다리 회동도 연출했지만
돈보따리 희화한 장면이었다.

영변 핵시설 재가동 카드도
몸값 불리기 위한 전략이다.

국제사회가 인권이라면
북핵 정권은 탈레반이다.

☐ 여호와의 말씀이 다시 내게 임하니라 이르시되 네가 무엇을 보느냐 대답하되 끓는 가마를 보나이다 그 윗면이 북에서부터 기울어졌나이다 하니(렘1:13)

말씀의 힘을 구하는 기도

말씀의 하나님이여,

말씀의 판별력으로
사고의 중심을 관통하게 하소서

말씀의 생명력으로
예수의 생명을 나누게 하소서

말씀의 통찰력으로
역사의 비바람을 막게 하소서

말씀의 투시력으로
북에서 기운 핵가마의 정체를 보게 하소서

말씀의 능력으로
신음하는 남과 북이 노래하게 하소서

□ 하나님의 말씀은 살아 있고 활력이 있어 좌우에 날선 어떤 검보다도 예리하여
　혼과 영과 및 관절과 골수를 찔러 쪼개기까지 하며 또 마음의 생각과 뜻을
　판단하나니(히4:12)

말씀 곧 하나님

밤이 쇠하도록
눈물이 떨어져 고인 곳은
말씀의 품속이었다.

날밤 지새도록
생각이 흘러서 뛰논 곳은
말씀의 심장이었다.

긴밤 바래도록
기도가 시로서 풀린 곳은
말씀의 정곡이었다.

말씀은 곧 하나님이다.

□ 태초에 말씀이 계시니라 이 말씀이 하나님과 함께 계셨으니
  이 말씀은 곧 하나님이시니라 (요 1:1)

통일은 어디서 오는가

분단의 아픔이 흥건한 이 가을
이우는 햇살에 상처를 말리며
십자가의 주인공을 우러른다.

복음통일은 하나님의 뜻이라

북녘 땅 십자가 지신
그분의 발 아래 떨며

흘러내려 오는 피로
메마른 눈물샘 씻고
피눈물로 울고 싶다.

온몸의 피 다 쏟아주신
그분의 진한 사랑으로
뼛속까지 물들고 싶다.

□ 너는 곧 이르기를 주 여호와께서 이같이 말씀하시기를 내가 에브라임의 손에 있는 바 요셉과 그 짝 이스라엘 지파들의 막대기를 가져다가 유다의 막대기에 붙여서 한 막대기가 되게 한 즉 내 손에서 하나가 되리라 하셨다 하고(겔37:19)

십자가로 물드는 통일

내 영혼의 노래

한 자 한 자 익어가고
한 줄 한 줄 깊어가는

주님의 말씀을 품고서
그분의 피눈물에 젖어
기도 속에 물들어 가면

영혼이 열리고
시가 벙그는
노래 이어라

□ 할렐루야, 내 영혼아 여호와를 찬양하라(시146:1)

주님의 말씀을 따라 한 생이 시와 걸었다

순전한 사랑

하나님께서 죄인을 구하시려 하늘로 부터
아들을 보내신 것은 순전한 사랑 때문이다.

인간은 구속의 사랑을 생각할 수도 없었고
아들만이 아버지의 뜻을 따라 오신 것이라

그는 죄없는 자로 우리의 죄를 지시고
우리는 그의 의를 힘입어 구원을 받고
평화로운 마음을 값없이 받았으므로
이 십자가의 하나님 사랑을 전파하여

전쟁 없는 복음통일을 이루어야 하는데
강대국을 의지하여 남침을 막으려 한다.

핵공유로 비핵화를 이끌어 낼 수 없듯이
군비경쟁으로는 전쟁을 막아낼 수 없다.

임기말에도 남북정상 회담에 연연해
종전선언을 하면 상대방은 호기가 돼
주한미군의 철수와 한미연합 훈련을
중단하라고 장타령을 하지 않겠는가

다니엘은 순교의 각오로 하루에 세번씩 기도하므로
하나님께서 사자의 입을 막으셔서 그를 건져내셨고

다윗은 골리앗에게 "너는 칼과 단창으로 내게 나아 오거니와
나는 하나님의 이름으로 네게 나아가노라" 외쳐 승리하였다.

우리는 하나님의 능력으로 골리앗 같은 핵정권을 물리치고
사자굴 같은 북녘땅에 그리움이 흐르는 예수 한국을 살리라

생명줄 건 구국기도는 순전한 사랑과 만나는 지름길이었다.

□ 그는 육체에 계실 때에 자기를 죽음에서 능히 구원하실 이에게 심한 통곡과
눈물로 간구와 소원을 올렸고 그의 경건하심으로 말미암아 들으심을
얻었느니라(히5:7)

짚신의 노래

간망

꽃신 신고 다닐 때는
시간이 따라 왔으나

이제 남은 날들은
짚신 같이 짧지만
제가 따라 갑니다.

주님을 위해서
생이 다하도록

아침에는 금싸락 같이
낮에는 옥싸락 같이
밤에는 은싸락 같이

영혼이 사모하는 시로
주를 찬송하게 하소서

☐ 나는 항상 소망을 품고 주를 더욱 더욱 찬송하리이다(시71:14)

평화로 핀 말씀시

초판인쇄 | 2021년 12월 25일
초판발행 | 2021년 12월 25일

지은이 | 정연홍
펴낸이 | 유화선

펴낸곳 | 도서출판 말씀
e-mail | malsseum@malsseum.com
출판등록 204-91-88718 | 대표 정연홍
　　　서울시 중랑구 동일로 130길 71(중화동)
　　　Tel (02)433-1433 Fax (02)433-9033

값 15,000원

ISBN 978-89-955165-6-0　03810

*저자와 협의하여 인지는 생략합니다.
*잘못된 책은 바꾸어 드립니다.
*이 책에는 네이버에서 제공한 나눔글꼴이 적용되어 있습니다.